O Perdão

Dados Internacionais de Catalogação na Publicação (CIP)
(Câmara Brasileira do Livro, SP, Brasil)

Francisco, Papa
  O perdão : 100 textos para meditação / Papa Francisco ; seleção e compilação de Luis M. Benavides ; tradução de Gentil Avelino Titton. – Petrópolis, RJ : Vozes, 2016.
  Título original : El perdón: 100 mensajes del Papa Francisco

  2ª reimpressão, 2017.

  ISBN 978-85-326-5318-5
  1. Francisco, Papa, 1936- – Mensagens 2. Meditação 3. Meditação – Cristianismo 4. Perdão – Aspecto religioso – Cristianismo 5. Reflexões I. Benavides, Luis M. II. Título.

16-06188   CDD-248.34

Índices para catálogo sistemático:
1. Meditação : Prática religiosa : Cristianismo   248.34

PAPA FRANCISCO

Seleção e compilação de Luis M. Benavides

O Perdão
100 textos para meditação

Tradução de Gentil Avelino Titton

EDITORA VOZES

Petrópolis

Título original em espanhol: *El perdón: 100 mensajes del Papa Francisco*
Seleção e compilação de Luis M. Benavides

Direitos de publicação em língua portuguesa:
© 2016, Editora Vozes Ltda.
Rua Frei Luís, 100
25689-900 Petrópolis, RJ
www.vozes.com.br
Brasil

Todos os direitos reservados. Nenhuma parte desta obra poderá ser reproduzida ou transmitida por qualquer forma e/ou quaisquer meios (eletrônico ou mecânico, incluindo fotocópia e gravação) ou arquivada em qualquer sistema ou banco de dados sem permissão escrita da editora.

CONSELHO EDITORIAL

Diretor
Gilberto Gonçalves Garcia

Editores
Aline dos Santos Carneiro
Edrian Josué Pasini
Marilac Loraine Oleniki
Welder Lancieri Marchini

Conselheiros
Francisco Morás
Leonardo A.R.T. dos Santos
Ludovico Garmus
Teobaldo Heidemann
Volney J. Berkenbrock

Secretário executivo
João Batista Kreuch

Editoração: Gleisse Dias dos Reis Chies
Diagramação: Sheilandre Desenv. Gráfico
Revisão gráfica: Fernando Sérgio Olivetti da Rocha
Capa: Ygor Moretti

ISBN 978-85-326-5318-5

Editado conforme o novo acordo ortográfico.

Este livro foi composto e impresso pela Editora Vozes Ltda.

Sumário

Introdução, 11

A dimensão eclesial do perdão e da reconciliação, 13

1 A Igreja seja paciente no confortar e perdoar, 14
2 Jesus nos chama a viver a reconciliação na dimensão eclesial, 15
3 Se alguém não se sente pecador é melhor que não vá à missa, 16
4 Devemos ir à missa como pecadores, e o Senhor nos reconcilia, 17
5 A Igreja deve ser o lugar onde todos possam sentir-se perdoados, 18
6 Chegou o tempo de assumir o anúncio jubiloso do perdão, 19
7 A primeira verdade da Igreja é o amor de Cristo, 20
8 Cada sacerdote recebeu o dom para o perdão dos pecados, 21
9 Os sacerdotes serão missionários da misericórdia e do perdão, 22

O sacramento da Confissão ou Reconciliação, 23

10 A Confissão não é tortura, mas é uma festa, 24

11 A Confissão é como um segundo Batismo que nos perdoa tudo, 25
12 A Reconciliação é um sacramento de cura, 26
13 Cada vez que nos confessamos, Deus nos abraça e faz festa, 27
14 A festa do perdão, 28
15 A Igreja, em sua sabedoria, mostra o sacramento da Reconciliação, 29
16 A fé afirma também a possibilidade do perdão, 30
17 No sacramento da Reconciliação Deus perdoa os pecados, 31

A misericórdia de Deus, 33
18 A misericórdia é a maneira como Deus perdoa, 34
19 A misericórdia de Deus é uma grande luz de amor e ternura, 35
20 Existe algo mais belo do que o pecado: a misericórdia de Deus, 36
21 Acreditar significa confiar-se a um amor misericordioso, 37
22 Perante a gravidade do pecado, Deus responde com a plenitude do perdão, 38
23 A misericórdia de Deus é uma realidade concreta, 39
24 Deus vai além da justiça com a misericórdia e o perdão, 40
25 A misericórdia de Jesus não conhece limites e nos alcança a todos, 41
26 Uma pessoa é consolada quando sente a misericórdia e o perdão, 42

27 Deus nos julga, amando-nos, 43
28 O consolo mais forte é o da misericórdia e do perdão, 44
29 Deus enriquece nossa pobreza, converte e perdoa nosso pecado, 45
30 Olhando meu pecado, posso ver e encontrar a misericórdia de Deus, 46

Deus não se cansa de perdoar, 47
31 Deus nos perdoa sempre, nunca se cansa de perdoar, 48
32 Deus perdoa não com um decreto, mas com um afago, 49
33 A certeza do perdão do Pai, 50
34 Deus é um Pai amoroso que sempre perdoa, 51
35 Quando nos perdoa, Deus nos acompanha e nos ajuda ao longo do caminho, 52
36 Comunicar a alegria de receber o perdão do Pai, 53
37 Insisto uma vez mais: Deus nunca se cansa de perdoar, 54
38 Deus é apresentado sempre cheio de alegria, sobretudo quando perdoa, 55
39 A justiça de Deus é o seu perdão, 56
40 O perdão de Deus para os nossos pecados não conhece limites, 57
41 Deus está sempre disponível para o perdão, 58
42 O perdão do Pai cobre toda a vida do crente, 59
43 Deus não sabe fazer outra coisa senão amar, 60
44 A alegria de Deus é perdoar, 61
45 O amor de Deus entra em nosso pecado e o perdoa, 62

46 Deus não corta as pontes, Ele sabe perdoar, 63
47 Nossos pecados encontram sentido no amor de Deus, 64

Jesus entregou sua vida para nos perdoar e nos salvar, 65
48 Em virtude das chagas de Jesus nossos pecados são perdoados, 66
49 Quando recebemos o perdão de Jesus, alcançamos a paz, 67
50 Ao contemplar as chagas de Jesus, o Pai nos perdoa sempre, 68
51 A atitude de Jesus é sempre a do perdão, 69
52 Se procurarmos Jesus com o desejo de ser bons, Ele nos perdoa, 70
53 Jesus nos perdoa tudo quando abrimos o nosso coração, 71
54 E esse perdão universal passa através da cruz, 72
55 Se lhe mostrarmos as nossas feridas interiores, Ele nos perdoará sempre, 73
56 O sopro de Jesus indica a vida nova regenerada pelo perdão, 74
57 Onde está o pecado de você? O pecado de você está ali na cruz, 75
58 Jesus pede também para perdoar e dar, 76
59 Jesus busca os pecadores para lhes oferecer o perdão e a salvação, 77
60 A ternura de Jesus no perdão dos nossos pecados, 78
61 Se pusermos a esperança em Jesus poderemos seguir adiante, 79
62 Deus enviou Jesus para nos perdoar tudo, 80

63 Jesus é nosso melhor advogado, 81
64 Se pedirmos perdão por nossos pecados, Jesus sempre nos perdoa, 82
65 O lugar privilegiado para o encontro com Cristo são nossos próprios pecados, 83

O perdão é um dom do Espírito Santo, 85
66 O perdão é um dom do Espírito Santo, 86
67 O Espírito Santo é o protagonista do perdão dos pecados, 87
68 Na comunidade cristã se torna presente o Espírito e o perdão, 88
69 O temor de Deus nos lembra como somos pequenos, 89

O perdão cura nossas feridas e nos traz a paz, 91
70 Todos nós cometemos erros na vida e devemos pedir perdão, 92
71 A paz é fruto do perdão, 93
72 Cada dia podemos pedir "perdão" muitas vezes, 94
73 Nunca devemos terminar o dia sem pedir perdão, 95
74 Com licença, obrigado, perdão, 96
75 Com o perdão o coração se renova e rejuvenesce, 97
76 Podemos nos gloriar apenas de nossos pecados, 98
77 Não aprender com os próprios pecados, 99
78 O perdão de Deus é mais forte do que qualquer pecado, 100
79 O perdão é o instrumento para alcançar a serenidade do coração, 101

80 A experiência do perdão na nossa cultura vai rareando cada vez mais, 102
81 Somos penitentes em busca do perdão, 103
82 Que a palavra do perdão possa chegar a todos, 104
83 Na família aprende-se a pedir perdão, 105
84 Como está o meu coração?, 106
85 O perdão é uma dinâmica de comunicação, 107
86 O Senhor é o único que nos pode consolar, 108
87 A capacidade de pedir perdão, 109
88 Dar graças e pedir perdão, 110
89 A terra nunca perdoa, 111
90 Perdoa as nossas ofensas assim como nós perdoamos aos que nos ofendem, 112
91 Dando e recebendo o perdão verdadeiro, 113
92 Pedir perdão é a porta de saída para os corruptos, 114
93 Abrir o coração para deixar entrar o perdão do Pai, 115
94 Perdoar até setenta vezes sete, 116
95 O perdão é a porta que leva à reconciliação, 117
96 Pedir perdão e oferecer perdão faz bem, 118
97 O que salva é o amor, 119
98 Curar as feridas do coração com o óleo do perdão, 120
99 Muitas vezes temos medo da ternura, 121
100 Em frente com o perdão!, 122

Introdução

Na terça-feira, 8 de dezembro de 2015, Dia da Imaculada Conceição e coincidindo com seus mil dias de pontificado, o Papa Francisco, junto com seu predecessor Bento XVI, exortou toda a Igreja "a abrir-se para o mundo", inaugurando o Jubileu Extraordinário da Misericórdia e do Perdão. Francisco fez um grande apelo a todo o povo católico para que vivamos juntos este Ano Santo Extraordinário como um momento especial de graça, de aproximação ao Senhor e de comunhão com nossos irmãos e irmãs.

Em suas pregações, mensagens, discursos, o Papa Francisco tem insistido no tema da misericórdia e do perdão. No devido tempo, apresentamos uma seleção de textos do Papa sobre a misericórdia. Devido à grande acolhida do público, nos animamos a oferecer uma nova compilação de mensagens sobre outro tema central de seu pontificado: o perdão.

Desde o início de seu pontificado, Francisco tem sido um Papa de gestos significativos. Gestos simples, singelos, precisos. Seus gestos e sinais têm sido "eloquentes", muitas vezes precederam suas palavras, ajudam a entendê-las e fazem com que a mensagem toque os corações; inaugura assim um novo estilo de ação pastoral. Com seus gestos e palavras, Francisco nos chama a entrar no outro, na realidade das outras pessoas. Os gestos impressionam mais do que as palavras. Nossa saúde é mais valiosa ao atender a um enfermo. Nossos olhos são mais valiosos ao acompanhar um cego. Nossas mãos são mais valiosas ao compartilhar tudo com aquele que nada tem. O Papa Francisco não deixa de transmitir uma certeza: Chegou de novo, para a Igreja, o tempo de assumir o anúncio jubiloso do perdão. É o tempo de regresso ao essencial, para cuidar das fraquezas e dificuldades dos nossos irmãos. O perdão é uma força que ressuscita para uma nova vida e infunde a coragem para olhar o futuro com esperança.

Estes textos destinam-se a ser utilizados tanto para a reflexão pessoal como nos trabalhos em grupo, nas comunidades. A ideia é que cada texto do Papa sobre o perdão nos abra pistas, caminhos, intuições, perguntas e – por que não dizê-lo? – também respostas às nossas interrogações pastorais no mundo de hoje. Francisco, o Papa que veio do fim do mundo, abre uma porta para a esperança. Com suas intuições e ideias-força, ele nos chama a renovar a Igreja, a partir de dentro; sabendo que estamos num momento privilegiado para reconciliar-nos conosco mesmos, com nossos irmãos, com o mundo que nos cerca e, definitivamente, com nosso Deus Pai, que sempre nos está esperando com os braços abertos, para perdoar-nos e acolher-nos com alegria, porque, nas palavras de Francisco: a misericórdia é a maneira como Deus perdoa.

A dimensão eclesial do perdão e da reconciliação

1

A Igreja seja paciente no confortar e perdoar

Neste Ano Jubilar, que a Igreja se faça eco da Palavra de Deus que ressoa, forte e convincente, como uma palavra e um gesto de perdão, apoio, ajuda, amor. Que ela nunca se canse de oferecer misericórdia e seja sempre paciente no confortar e perdoar. Que a Igreja se faça voz de cada homem e mulher, e repita com confiança e sem cessar: "Lembra-te, Senhor, da tua misericórdia e do teu amor, pois eles existem desde sempre" (Sl 25,6).

Misericordiae Vultus, 25

2

Jesus nos chama a viver a reconciliação na dimensão eclesial

Jesus concede aos Apóstolos o poder de perdoar os pecados. É um pouco difícil compreender como um homem pode perdoar os pecados, mas Jesus confere esse poder. A Igreja é depositária do poder das chaves, de abrir ou fechar ao perdão. Na sua misericórdia soberana, Deus perdoa cada homem, mas Ele mesmo quis que todos quantos pertencem a Cristo e à Igreja recebam o perdão mediante os ministros da comunidade. Através do ministério apostólico, a misericórdia de Deus me alcança, as minhas culpas me são perdoadas e me é conferida a alegria. Deste modo, Jesus chama a viver a reconciliação também na dimensão eclesial, comunitária. E isso é muito bom!

Audiência geral
Praça de São Pedro, 20 de novembro de 2013

3

Se alguém não se sente pecador é melhor que não vá à missa

Por vezes, alguém pergunta: Por que deveríamos ir à igreja, visto que quem participa habitualmente da Santa Missa é pecador como os outros? Quantas vezes ouvimos isso! Na realidade, quem celebra a Eucaristia não o faz porque se considera ou quer parecer melhor do que os outros, mas precisamente porque se reconhece sempre necessitado de ser acolhido e regenerado pela misericórdia de Deus, que se fez carne em Jesus Cristo. Se cada um de nós não se sentir necessitado da misericórdia de Deus, se não se sentir pecador, é melhor que não vá à missa!

Audiência geral
Praça de São Pedro, 12 de fevereiro de 2014

4

Devemos ir à missa como pecadores, e o Senhor nos reconcilia

Nós vamos à missa porque somos pecadores e queremos receber o perdão de Deus, participar na redenção de Jesus e no seu perdão. Aquele "Confesso" que recitamos no início não é um "pró-forma", mas um verdadeiro ato de penitência. Sou pecador e o confesso: assim começa a missa... Devemos ir à missa humildemente como pecadores, e o Senhor nos reconcilia.

Audiência geral
Praça de São Pedro, 12 de fevereiro de 2014

5

A Igreja deve ser o lugar onde todos possam sentir-se perdoados

Ser Igreja significa ser povo de Deus, de acordo com o grande projeto de amor do Pai. Isso implica ser o fermento de Deus no meio da humanidade, quer dizer, anunciar e levar a salvação de Deus a este nosso mundo, que muitas vezes se sente perdido, necessitado de ter respostas que encorajem, deem esperança e novo vigor para o caminho. A Igreja deve ser o lugar da misericórdia gratuita, onde todos possam sentir-se acolhidos, amados, perdoados e animados a viverem segundo a vida boa do Evangelho.

Exortação Apostólica *Evangelii Gaudium*, 114

6

Chegou o tempo de assumir o anúncio jubiloso do perdão

Chegou de novo, para a Igreja, o tempo de assumir o anúncio jubiloso do perdão. É o tempo de regresso ao essencial, para cuidar das fraquezas e dificuldades dos nossos irmãos. O perdão é uma força que ressuscita para uma nova vida e infunde a coragem para olhar o futuro com esperança.

Misericordiae Vultus, 10

7

A primeira verdade da Igreja é o amor de Cristo

A primeira verdade da Igreja é o amor de Cristo. E, desse amor que vai até ao perdão e ao amor de si mesmo, a Igreja faz-se serva e mediadora junto aos homens. Por isso, onde a Igreja estiver presente, aí deve ser evidente a misericórdia do Pai. Nas nossas paróquias, nas comunidades, nas associações e nos movimentos – em suma, onde houver cristãos –, qualquer pessoa deve poder encontrar um oásis de misericórdia.

Misericordiae Vultus, 12

8

Cada sacerdote recebeu o dom para o perdão dos pecados

Cada sacerdote recebeu o dom do Espírito Santo para o perdão dos pecados; disso somos responsáveis. Nenhum de nós é senhor do sacramento, mas apenas servo fiel do perdão de Deus. Cada confessor deverá acolher os fiéis como o pai na parábola do filho pródigo: um pai que corre ao encontro do filho, apesar de lhe ter dissipado os bens.

Misericordiae Vultus, 17

9

Os sacerdotes serão missionários da misericórdia e do perdão

Os sacerdotes serão, sobretudo, sinal vivo de como o Pai acolhe a todos aqueles que andam à procura de seu perdão. Serão missionários da misericórdia, porque se farão, junto de todos, artífices dum encontro cheio de humanidade, fonte de libertação, rico de responsabilidade para superar os obstáculos e retomar a vida nova do Batismo.

Misericordiae Vultus, 18

O sacramento da Confissão ou Reconciliação

10

A Confissão não é tortura, mas é uma festa

Ao mesmo tempo, ao Batismo está ligada a nossa fé na remissão dos pecados. Com efeito, o sacramento da Penitência ou Confissão é como um "segundo batismo", que remete sempre ao primeiro, para consolidá-lo e renová-lo. Nesse sentido, o dia do nosso Batismo é o ponto de partida de um caminho extremamente bonito, um caminho rumo a Deus que dura a vida inteira, um caminho de conversão que é continuamente fortalecido pelo sacramento da Penitência. Pensai nisto: quando vamos nos confessar das nossas debilidades, dos nossos pecados, vamos pedir o perdão de Jesus, mas vamos também renovar o Batismo com esse perdão. E isso é bom, é como festejar o dia do Batismo em cada Confissão. Portanto, a Confissão não é uma sessão numa sala de tortura, mas é uma festa.

Audiência geral
Praça de São Pedro, 13 de novembro de 2013

11

A Confissão é como um segundo Batismo que nos perdoa tudo

Não posso batizar-me várias vezes, mas posso confessar-me e desse modo renovar a graça do Batismo. É como se eu fizesse um segundo Batismo. O Senhor Jesus é deveras bondoso e nunca se cansa de nos perdoar. Inclusive quando a porta que o Batismo nos abriu para entrar na Igreja se fecha um pouco, por causa das nossas fraquezas e dos nossos pecados, a Confissão volta a abri-la precisamente porque é como um segundo Batismo que nos perdoa tudo e nos ilumina para seguir em frente com a luz do Senhor.

Audiência geral
Praça de São Pedro, 13 de novembro de 2013

12

A Reconciliação é um sacramento de cura

O sacramento da Reconciliação é um sacramento de cura. Quando me confesso é para me curar, para curar a minha alma, curar o meu coração e algo de mal que cometi. A imagem bíblica que melhor exprime isso, no seu vínculo profundo, é o episódio do perdão e da cura do paralítico, onde o Senhor Jesus se revela médico das almas e, ao mesmo tempo, dos corpos (cf. Mc 2,1-12; Mt 9,1-8; Lc 5,17-26).

Audiência geral
Praça de São Pedro, 19 de fevereiro de 2014

13

Cada vez que nos confessamos, Deus nos abraça e faz festa

Celebrar o sacramento da Reconciliação significa ser envolvido por um abraço caloroso: é o abraço da misericórdia infinita do Pai. Recordemos aquela bonita parábola do filho que foi embora de casa com o dinheiro da herança; esbanjou tudo e depois, quando já não tinha nada, decidiu voltar para casa, não como filho, mas como servo. Ele sentia muita culpa e muita vergonha no seu coração! Surpreendentemente, quando ele começou a falar, a pedir perdão, o pai não o deixou falar, mas o abraçou, o beijou e fez uma festa. E eu vos digo: cada vez que nos confessamos, Deus nos abraça, Deus faz festa!

Audiência geral
Praça de São Pedro, 19 de fevereiro de 2014

14

A festa do perdão

Sexta-feira e sábado próximos viveremos um momento especial de penitência, chamado "24 horas para o Senhor"... Será – podemos chamá-la assim – uma festa do perdão, que terá lugar também em muitas dioceses e paróquias do mundo. O perdão que o Senhor nos dá deve ser festejado, como fez o pai da parábola do filho pródigo: quando o filho voltou para casa, o pai fez festa, esquecendo todos os seus pecados. Será a festa do perdão.

Angelus
Praça de São Pedro, 23 de março de 2014

15

A Igreja, em sua sabedoria, mostra o sacramento da Reconciliação

A Igreja, em sua sabedoria mostra aos crentes o sacramento da Reconciliação. E nós, exortou o Papa, somos chamados a fazê-lo: "Vamos ao irmão, ao irmão sacerdote, e façamos esta confissão interior nossa; a mesma que faz Paulo: 'Eu quero o bem, gostaria de ser melhor; mas você sabe, às vezes tenho esta luta, às vezes tenho isto, isto e isto...' E assim como é tão concreta a salvação que nos leva a Jesus, tão concreto é o nosso pecado".

Homilia da missa matutina
Casa Santa Marta, 8 de abril de 2014

16

A fé afirma também a possibilidade do perdão

A fé afirma também a possibilidade do perdão, que muitas vezes requer tempo, canseira, paciência e empenho; um perdão possível quando se descobre que o bem é sempre mais originário e mais forte do que o mal, que a palavra com que Deus afirma a nossa vida é mais profunda do que todas as nossas negações.

Encíclica *Lumen Fidei*, 55

17

No sacramento da Reconciliação Deus perdoa os pecados

No sacramento da Reconciliação Deus perdoa os pecados, que são verdadeiramente apagados; mas o cunho negativo que os pecados deixaram em nossos comportamentos e pensamentos permanece. A misericórdia de Deus, porém, é mais forte também do que isso... Alcança o pecador perdoado e liberta-o de qualquer resíduo das consequências do pecado, habilitando-o a agir com caridade, a crescer no amor em vez de recair no pecado.

Misericordiae Vultus, 22

A misericórdia de Deus

18

A misericórdia é a maneira como Deus perdoa

A misericórdia é algo difícil de compreender: ela não apaga os pecados, porque para apagar os pecados existe o perdão de Deus. Mas a misericórdia é a maneira como Deus perdoa. Porque Jesus podia dizer: eu te perdoo, anda. Como disse ao paralítico: teus pecados estão perdoados. Nessa situação (Jo 8,1-11) Jesus vai além e aconselha a mulher que não peque mais. E aqui se vê a atitude misericordiosa de Jesus: Ele defende o pecador dos inimigos, defende o pecador de uma condenação justa.

Homilia da missa matutina
Casa Santa Marta, 7 de abril de 2014

19

A misericórdia de Deus é uma grande luz de amor e ternura

Quantos de nós talvez mereceríamos uma condenação! E inclusive seria justa. Mas Jesus perdoa. Como? Com essa misericórdia que não apaga o pecado: o que o apaga é o perdão de Deus, enquanto a misericórdia vai além. É como o céu: nós olhamos para o céu, vemos muitas estrelas; mas, quando sai o sol pela manhã, com muita luz, não se vê as estrelas. E assim é a misericórdia de Deus: uma grande luz de amor, de ternura. Porque Deus perdoa não com um decreto, mas com um afago. E o faz tratando carinhosamente nossas feridas de pecado, porque Ele está empenhado no perdão, está envolvido em nossa salvação.

Homilia da missa matutina
Casa Santa Marta, 7 de abril de 2014

20

Existe algo mais belo do que o pecado: a misericórdia de Deus

Não o esqueçamos: Deus perdoa sempre e nos recebe no seu amor de perdão e de misericórdia. Alguns dizem que o pecado é uma ofensa a Deus, mas é também uma oportunidade de humilhação, para nos darmos conta de que existe algo mais belo: a misericórdia de Deus. Pensemos nisto.

Audiência geral
Praça de São Pedro, 29 de maio de 2013

21

Acreditar significa confiar-se a um amor misericordioso

Acreditar significa confiar-se a um amor misericordioso que sempre acolhe e perdoa, que sustenta e guia a existência, que se mostra poderoso na sua capacidade de endireitar os desvios da nossa história. A fé consiste na disponibilidade a deixar-se incessantemente transformar pela chamada de Deus.

Encíclica Lumen Fidei, 13

22

Perante a gravidade do pecado, Deus responde com a plenitude do perdão

Perante a gravidade do pecado, Deus responde com a plenitude do perdão. A misericórdia será sempre maior do que qualquer pecado, e ninguém pode colocar um limite ao amor de Deus que perdoa.

Misericordiae Vultus, 3

23

A misericórdia de Deus é uma realidade concreta

Em suma, a misericórdia de Deus não é uma ideia abstrata, mas uma realidade concreta, pela qual Ele revela seu amor como o de um pai e de uma mãe que se comovem pelo próprio filho até ao mais íntimo das suas vísceras. Pode-se dizer que se trata realmente de um amor "visceral". Provém do íntimo como um sentimento profundo, natural, feito de ternura e compaixão, de indulgência e perdão.

Misericordiae Vultus, 6

24

Deus vai além da justiça com a misericórdia e o perdão

Deus, com a misericórdia e o perdão, vai além da justiça. Isso não significa desvalorizar a justiça ou torná-la supérflua. Antes pelo contrário. Quem erra deve expiar a pena; só que isso não é o fim, mas o início da conversão, porque se experimenta a ternura do perdão.

Misericordiae Vultus, 21

25

A misericórdia de Jesus não conhece limites e nos alcança a todos

Ao pé da cruz, Maria, juntamente com João, o discípulo do amor, é testemunha das palavras de perdão que saem dos lábios de Jesus. O perdão supremo oferecido a quem o crucificou mostra-nos até onde pode chegar a misericórdia de Deus. Maria atesta que a misericórdia do Filho de Deus não conhece limites e alcança a todos, sem excluir ninguém.

Misericordiae Vultus, 24

26

Uma pessoa é consolada quando sente a misericórdia e o perdão

Uma pessoa fica consolada quando sente a misericórdia e o perdão do Senhor; assim também a Igreja faz festa e fica feliz quando sai de si mesma. Portanto, a alegria da Igreja consiste em dar à luz, em sair de si mesma para dar vida, em ir buscar as ovelhas que estão extraviadas, testemunhando precisamente a ternura do pastor, a ternura da mãe.

Homilia da missa matutina
Casa Santa Marta, 9 de dezembro de 2014

27

Deus nos julga, amando-nos

A cruz de Jesus é a Palavra com a qual Deus respondeu ao mal do mundo. Às vezes nos parece que Deus não responde ao mal, que permanece em silêncio. Na realidade Deus falou, respondeu, e sua resposta é a cruz de Cristo: uma palavra que é amor, misericórdia, perdão. E também juízo: Deus nos julga amando-nos. Não esqueçamos: Deus nos julga amando-nos. Se eu acolho seu amor, estou salvo; se o rejeito, sou condenado, não por Ele, mas por mim mesmo, porque Deus não condena. Ele só ama e salva.

Via-sacra no Coliseu Palatino
Sexta-feira Santa, 29 de março de 2013

28

O consolo mais forte é o da misericórdia e do perdão

Com efeito, quando chega o consolo do Senhor, Ele nos surpreende. É Ele quem manda, não somos nós. E o consolo mais forte é o da misericórdia e do perdão, como anuncia Isaías: "Gritai: Terminou o tempo de seu serviço e sua iniquidade foi expiada; pois recebeu da mão do Senhor o dobro por todos os seus pecados". Deus não se deixa superar em generosidade. "Pecaste cem vezes, toma duzentos de alegria": assim é a misericórdia de Deus quando vem consolar.

Homilia da missa matutina
Casa Santa Marta, 9 de dezembro de 2014

29

Deus enriquece nossa pobreza, converte e perdoa nosso pecado

Não haverá dificuldades, tribulações, incompreensões que nos farão temer se permanecermos unidos a Deus como os sarmentos estão unidos à videira, se não perdermos a amizade com Ele, se lhe abrirmos cada vez mais a nossa vida. Isso também, e sobretudo, se nos sentirmos pobres, fracos, pecadores, porque Deus fortalece nossa fraqueza, enriquece nossa pobreza, converte e perdoa nosso pecado. Tão misericordioso é o Senhor! Se recorrermos a Ele, Ele sempre nos perdoa. Confiemos na ação de Deus.

Homilia Santa missa e Confirmação
Praça de São Pedro, 28 de abril de 2013

30

Olhando meu pecado, posso ver e encontrar a misericórdia de Deus

Lembrem-se do que diz São Paulo: Do que posso me orgulhar senão de minhas fraquezas, de minha pobreza? Precisamente sentindo meu pecado, olhando meu pecado, posso ver e encontrar a misericórdia de Deus, seu amor, e aproximar-me dele para receber seu perdão.

Homilia da tomada de posse da Cátedra do Bispo de Roma
Basílica de São João do Latrão, 7 de abril de 2013

Deus não se cansa de perdoar

31

Deus nos perdoa sempre, nunca se cansa de perdoar

Talvez muitas pessoas não compreendam a dimensão eclesial do perdão... Para nós cristãos há um dom a mais e há sempre um compromisso a mais: passar humildemente através do ministério eclesial. Devemos valorizá-lo; é uma dádiva, uma atenção, uma salvaguarda e também a certeza de que Deus me perdoou. Vou ter com o irmão sacerdote e digo: "Padre, cometi isto..." E ele responde: "Eu te perdoo; Deus te perdoa!" Nesse momento, estou convicto de que Deus me perdoou! E isto é bom, é ter a certeza de que Deus nos perdoa sempre, nunca se cansa de perdoar. E não devemos nos cansar de ir pedir perdão.

Audiência geral
Praça de São Pedro, 20 de novembro de 2013

32

Deus perdoa não com um decreto, mas com um afago

Deus perdoa não com um decreto, mas com um afago. E, com a misericórdia, Jesus vai inclusive além da lei e perdoa tratando carinhosamente as feridas dos nossos pecados... Assim, portanto: Jesus perdoa. Mas aqui existe mais do que o perdão. Porque, como confessor, Jesus vai além da lei. Com efeito, a lei dizia que a mulher adúltera devia ser castigada (Jo 8,1-11). Mas Ele vai além. Não lhe diz: O adultério não é pecado. Também não a condena com a lei. Precisamente este é o mistério da misericórdia de Jesus.

Homilia da missa matutina
Casa Santa Marta, 7 de abril de 2014

33

A certeza do perdão do Pai

Por fim, todos nós conhecemos as dificuldades que a Confissão encontra muitas vezes. São muitas as razões, tanto históricas como espirituais. Contudo, nós sabemos que o Senhor quis fazer este imenso dom à Igreja, oferecendo aos batizados a segurança do perdão do Pai. É isto: a certeza do perdão do Pai.

Discurso à Penitenciaria Apostólica
Sala das Bênçãos, 28 de março de 2014

34

Deus é um Pai amoroso que sempre perdoa

Deus nunca se cansa de nos perdoar. Nunca! "Mas então, pai, onde está o problema?" Bem, o problema está em nós que nos cansamos e não queremos, cansamo-nos de pedir perdão. Ele nunca se cansa de perdoar, mas nós às vezes nos cansamos de pedir perdão. Não nos cansemos jamais, nunca nos cansemos! Ele é o Pai amoroso que sempre perdoa, que tem esse coração cheio de misericórdia para com todos nós.

Angelus
Praça de São Pedro, 17 de março de 2013

35

Quando nos perdoa, Deus nos acompanha e nos ajuda ao longo do caminho

Quando nos perdoa, Deus nos acompanha e nos ajuda ao longo do caminho. Sempre! Até nas pequenas coisas! Quando nos confessamos, o Senhor nos diz: "Eu te perdoo, mas agora vem comigo!" E Ele nos ajuda a retomar o caminho. Nunca condena! Jamais perdoa apenas, mas perdoa e acompanha. Além disso, nós somos frágeis e devemos voltar a nos confessar, todos! Mas Ele não se cansa. Sempre de novo nos toma pela mão! Esse é o amor de Deus, e nós devemos imitá-lo! A sociedade deve imitá-lo, percorrendo esse caminho.

Discurso aos presidiários
Praça da Casa de Detenção de Castrovillari (Cosenza), 21 de junho de 2014

36

Comunicar a alegria de receber o perdão do Pai

A quantos vocês encontrarem, poderão comunicar a alegria de receber o perdão do Pai e de reencontrar a amizade plena com Ele. E vocês dirão a eles que o nosso Pai nos espera, que o nosso Pai nos perdoa e, mais ainda, faz festa. Se você for ter com Ele com toda a sua vida, inclusive com muitos pecados, em vez de reprovar você, Ele faz festa: é assim o nosso Pai.

Homilia na celebração da Penitência
Basílica Vaticana, 28 de março de 2014

37

Insisto uma vez mais: Deus nunca se cansa de perdoar

Insisto uma vez mais: Deus nunca se cansa de perdoar, somos nós que nos cansamos de pedir sua misericórdia. Aquele que nos convidou a perdoar "setenta vezes sete" (Mt 18,22) dá-nos o exemplo: Ele perdoa setenta vezes sete. Volta uma vez e outra a nos carregar em seus ombros. Ninguém nos pode tirar a dignidade que esse amor infinito e inabalável nos confere. Ele nos permite levantar a cabeça e recomeçar, com uma ternura que nunca nos defrauda e sempre nos pode restituir a alegria. Não fujamos da ressurreição de Jesus; nunca nos demos por mortos, suceda o que suceder.

Exortação Apostólica *Evangelii Gaudium*, 3

38

Deus é apresentado sempre cheio de alegria, sobretudo quando perdoa

Nas parábolas dedicadas à misericórdia – as da ovelha extraviada e da moeda perdida e a do pai com seus dois filhos (cf. Lc 15,1-32) – Deus é apresentado sempre cheio de alegria, sobretudo quando perdoa. Nelas encontramos o núcleo do Evangelho e da nossa fé, porque a misericórdia é apresentada como a força que tudo vence, enche o coração de amor e consola com o perdão.

Misericordiae Vultus, 9

39

A justiça de Deus é o seu perdão

Não é a observância da lei que salva, mas a fé em Jesus Cristo, que, pela sua morte e ressurreição, traz a salvação com a misericórdia que justifica. A justiça de Deus torna-se agora a libertação para quantos estão oprimidos pela escravidão do pecado e todas as suas consequências. A justiça de Deus é o seu perdão.

Misericordiae Vultus, 20

40

O perdão de Deus para os nossos pecados não conhece limites

O perdão de Deus para os nossos pecados não conhece limites. Na morte e ressurreição de Jesus Cristo, Deus torna evidente esse seu amor que chega ao ponto de destruir o pecado dos homens. É possível deixar-se reconciliar com Deus através do mistério pascal e da mediação da Igreja.

Misericordiae Vultus, 22

41

Deus está sempre disponível para o perdão

É possível deixar-se reconciliar com Deus através do mistério pascal e da mediação da Igreja. Por isso, Deus está sempre disponível para o perdão, não se cansando de oferecê-lo de maneira sempre nova e inesperada.

Misericordiae Vultus, 22

42

O perdão do Pai cobre toda a vida do crente

Portanto, viver a indulgência do Ano Santo significa aproximar-se da misericórdia do Pai, com a certeza de que seu perdão cobre toda a vida do crente. A indulgência é experimentar a santidade da Igreja que participa em todos os benefícios da redenção de Cristo, para que o perdão se estenda até às últimas consequências aonde chega o amor de Deus. Vivamos intensamente o Jubileu, pedindo ao Pai o perdão dos pecados e a indulgência misericordiosa em toda sua extensão.

Misericordiae Vultus, 22

43

Deus não sabe fazer outra coisa senão amar

Se você quiser conhecer a ternura de um pai, experimente dirigir-se a Deus. Experimente, e depois diga-me! Por mais pecados que tenhamos cometido, Deus nos espera sempre e está disposto a nos acolher e fazer festa conosco e para nós. Porque é um Pai que nunca se cansa de perdoar e não leva em conta se, no final, o "balanço" é negativo: Deus não sabe fazer outra coisa senão amar.

Homilia da missa matutina
Casa Santa Marta, 28 de março de 2014

44

A alegria de Deus é perdoar

A alegria de Deus é perdoar, a alegria de Deus é perdoar! É a alegria de um pastor que reencontra sua ovelha; é a alegria de uma mulher que encontra sua moeda; é a alegria de um pai que volta a acolher em casa o filho que se perdera, que estava como que morto e voltou à vida, voltou para casa. Aqui está todo o Evangelho! Aqui! Aqui está todo o Evangelho, aqui está todo o cristianismo!

Angelus
Praça de São Pedro, 15 de setembro de 2013

45

O amor de Deus entra em nosso pecado e o perdoa

O que a cruz deixa em cada um de nós? Ela deixa um bem que ninguém nos pode dar: a certeza do amor fiel de Deus por nós. Um amor tão grande que entra em nosso pecado e o perdoa, entra em nosso sofrimento e nos dá força para suportá-lo, entra também na morte para vencê-la e nos salvar. Na cruz de Cristo está todo o amor de Deus, está sua imensa misericórdia. E é um amor no qual podemos confiar, no qual podemos crer.

Discurso na Via-sacra, XXVIII Jornada Mundial da Juventude
Praia de Copacabana, Rio de Janeiro, 26 de julho de 2013

46

Deus não corta as pontes, Ele sabe perdoar

Deus é paciente conosco porque nos ama; e quem ama compreende, espera, inspira confiança, não abandona, não corta as pontes, sabe perdoar. Lembremos isso em nossa vida de cristãos: Deus nos espera sempre, mesmo quando nos afastamos. Ele nunca está longe; e, se voltarmos para Ele, Ele está preparado para nos abraçar.

Homilia da tomada de posse da Cátedra do Bispo de Roma
Basílica de São João do Latrão, 7 de abril de 2013

47

Nossos pecados encontram sentido no amor de Deus

Eis que o amor de Deus em Jesus sempre nos abre à esperança, ao horizonte de esperança, ao horizonte final de nossa peregrinação. Assim, inclusive as fadigas e as quedas encontram um sentido. Também os nossos pecados encontram um sentido no amor de Deus, porque esse amor de Deus em Jesus Cristo nos perdoa sempre, nos ama tanto que nos perdoa sempre.

Angelus
Praça de São Pedro, 11 de agosto de 2013

Jesus entregou sua vida para nos perdoar e nos salvar

48

Em virtude das chagas de Jesus nossos pecados são perdoados

O Espírito Santo nos concede o perdão de Deus, passando através das chagas de Jesus. Também neste momento, no céu, Ele mostra ao Pai as chagas com as quais nos resgatou. Em virtude dessas chagas, os nossos pecados são perdoados: assim Jesus ofereceu a sua vida pela nossa paz, pela nossa alegria, pelo dom da graça na nossa alma, pelo perdão dos nossos pecados. É muito bom contemplar Jesus assim!

Audiência geral
Praça de São Pedro, 20 de novembro de 2013

49

Quando recebemos o perdão de Jesus, alcançamos a paz

Só se, no Senhor Jesus, nos deixarmos reconciliar com o Pai e com os irmãos, conseguiremos verdadeiramente alcançar a paz. E todos nós sentimos isso no coração, quando vamos nos confessar com um peso na alma, com um pouco de tristeza; e quando recebemos o perdão de Jesus, alcançamos a paz, aquela paz da alma tão boa que somente Jesus nos pode dar, só Ele!

Audiência geral
Praça de São Pedro, 19 de fevereiro de 2014

50

Ao contemplar as chagas de Jesus, o Pai nos perdoa sempre

Quando volta para o céu, Jesus leva ao Pai uma prenda. Que prenda é? As suas chagas. O seu corpo é lindíssimo, sem as marcas dos golpes, sem as feridas da flagelação, mas conserva as chagas. Quando volta para o Pai mostra-lhe as chagas e lhe diz: "Repara, Pai, este é o preço do perdão que Tu dás". Quando o Pai vê as chagas de Jesus, nos perdoa sempre, não porque nós somos bons, mas porque Jesus pagou por nós. Olhando para as chagas de Jesus, o Pai se torna mais misericordioso. Esse é o grande trabalho de Jesus hoje no céu: mostrar ao Pai o preço do perdão, as suas chagas. Essa é uma coisa agradável que nos estimula a não ter medo de pedir perdão; o Pai perdoa sempre, porque vê as chagas de Jesus, vê o nosso pecado e o perdoa.

Regina Coeli
Praça de São Pedro, 1º de junho de 2014

51

A atitude de Jesus é sempre a do perdão

O pecador se arrepende, mas não consegue sair disso; ele é fraco. É a fraqueza do pecado original. Existe a boa vontade, mas existe também a fraqueza e o Senhor perdoa. A única condição é achegar-se a Ele e dizer: "Eu pequei, perdoa-me. Gostaria de não pecar mais, mas sou fraco". É esse o pecador. E a atitude de Jesus é sempre a do perdão.

Homilia da missa matutina
Casa Santa Marta, 11 de novembro de 2013

52

Se procurarmos Jesus com o desejo de ser bons, Ele nos perdoa

Mas se nos fecharmos ao amor de Jesus, condenamos a nós mesmos. A salvação é abrir-se a Jesus, e Ele nos salva. Se somos pecadores – e todos somos – peçamos-lhe perdão; e se o procurarmos com o desejo de ser bons, o Senhor nos perdoa. Mas para isso devemos nos abrir ao amor de Jesus, que é mais forte do que todas as outras coisas. O amor de Jesus é grande, o amor de Jesus é misericordioso, o amor de Jesus perdoa.

Audiência geral
Praça de São Pedro, 11 de dezembro de 2013

53

Jesus nos perdoa tudo quando abrimos o nosso coração

A Palavra nos impele a vencer o egoísmo que se abriga no nosso coração, para seguir com determinação aquele Mestre que deu a própria vida pelos seus amigos. Mas é Ele quem, com a sua palavra, nos muda; é Ele quem nos transforma; é Ele quem nos perdoa tudo, quando abrimos o nosso coração e pedimos perdão.

Angelus
Praça de São Pedro, 29 de junho de 2014

54

E esse perdão universal passa através da cruz

Jesus sabe muito bem o que o espera em Jerusalém, qual é o caminho que o Pai lhe pede que percorra: é o caminho da cruz, do sacrifício de si mesmo para o perdão dos nossos pecados. Seguir Jesus não significa participar num cortejo triunfal. Significa compartilhar seu amor misericordioso, entrar na sua grande obra de misericórdia para cada homem e para todos os homens. A obra de Jesus é precisamente uma obra de misericórdia, de perdão, de amor. Como Jesus é misericordioso! E esse perdão universal, essa misericórdia, passa através da cruz.

Angelus
Praça de São Pedro, 8 de setembro de 2013

55

Se lhe mostrarmos as nossas feridas interiores, Ele nos perdoará sempre

O Senhor olha sempre para nós com misericórdia; não o esqueçamos, Ele olha sempre para nós com misericórdia, espera-nos com misericórdia. Não tenhamos medo de nos aproximarmos dele. Ele tem um coração misericordioso! Se lhe mostrarmos as nossas feridas interiores, os nossos pecados, Ele nos perdoará sempre. Ele é misericórdia pura! Vamos ao encontro de Jesus!

Angelus
Praça de São Pedro, 9 de junho de 2013

56

O sopro de Jesus indica a vida nova regenerada pelo perdão

Jesus dá a paz, a alegria, o perdão dos pecados e a missão; mas dá, sobretudo, o Espírito Santo, que é fonte de tudo isso. O sopro de Jesus, acompanhado pelas palavras com as quais comunica o Espírito, indica a transmissão da vida, a vida nova regenerada pelo perdão.

Audiência geral
Praça de São Pedro, 20 de novembro de 2013

57

Onde está o pecado de você? O pecado de você está ali na cruz

Onde está o pecado de você? O pecado de você está ali na cruz. Vá buscá-lo ali, nas chagas do Senhor, e o pecado de você será curado, as chagas de você serão sanadas, o pecado de você será perdoado. O perdão que Deus nos dá não é quitar uma dívida que nós temos com Ele. O perdão que Deus nos dá são as chagas de seu filho, elevado na cruz. E seu desejo final foi que o Senhor nos atraia para Ele e que nos deixemos curar.

Homilia da missa matutina
Casa Santa Marta, 8 de abril de 2014

58

Jesus pede também para perdoar e dar

Jesus pede também para perdoar e dar. Ser instrumentos do perdão, porque primeiro o obtivemos nós de Deus. Ser generosos para com todos, sabendo que também Deus derrama a sua benevolência sobre nós com grande magnanimidade.

Misericordiae Vultus, 14

59

Jesus busca os pecadores para lhes oferecer o perdão e a salvação

Diante da visão de uma justiça como mera observância da lei, que julga dividindo as pessoas em justos e pecadores, Jesus procura mostrar o grande dom da misericórdia que busca os pecadores para lhes oferecer o perdão e a salvação.

Misericordiae Vultus, 20

60

A ternura de Jesus no perdão dos nossos pecados

Que o Senhor nos dê a graça de trabalhar, de ser cristãos alegres na fecundidade da mãe Igreja, e nos proteja do perigo de cair na atitude desses cristãos tristes, impacientes, desconfiados, ansiosos, que têm tudo perfeito na Igreja, mas não têm "filhos". Que Deus nos console com o consolo de uma Igreja mãe que sai de si mesma e com o consolo da ternura de Jesus e de sua misericórdia no perdão dos nossos pecados.

Homilia da missa matutina
Casa Santa Marta, 9 de dezembro de 2014

61

Se pusermos a esperança em Jesus poderemos seguir adiante

Peçamos ao Senhor para estar firmemente fundados na rocha que é Ele, nossa esperança é Ele. É verdade que todos nós somos pecadores, somos fracos, mas, se pusermos a esperança nele, poderemos seguir adiante. E essa é a alegria de um cristão: saber que no Senhor está a esperança, o perdão, a paz, a alegria.

Homilia da missa matutina
Casa Santa Marta, 9 de dezembro de 2014

62

Deus enviou Jesus para nos perdoar tudo

Somos amados por Deus, que é nosso Pai e nos enviou o seu Filho Jesus para se fazer próximo de cada um de nós e nos salvar. Enviou Jesus para nos salvar, para nos perdoar tudo, porque Ele perdoa sempre. Ele sempre perdoa, porque é bom e misericordioso.

Audiência geral
Praça de São Pedro, 4 de setembro de 2013

63

Jesus é nosso melhor advogado

Não tenhamos medo de nos aproximar de Jesus para pedir perdão, para pedir a bênção, para pedir misericórdia. Ele nos perdoa sempre, é o nosso advogado: nos defende sempre. Não se esqueçam disso. A Ascensão de Jesus ao céu nos abriu a passagem: Ele é como o primeiro de cordada ao escalar uma montanha, que chega ao topo e nos atrai para si, conduzindo-nos a Deus. Se confiamos a Ele a nossa vida, se nos deixamos guiar por Ele, tenhamos certeza de estar em boas mãos, nas mãos do nosso salvador, do nosso advogado.

Audiência geral
Praça de São Pedro, 17 de abril de 2013

64

Se pedirmos perdão por nossos pecados, Jesus sempre nos perdoa

Sigamos em frente, fazendo com que o nosso coração se abra a Jesus e à sua salvação; em frente sem receio, porque o amor de Jesus é maior e, se pedirmos perdão dos nossos pecados, Ele nos perdoa. Jesus é assim. Portanto, em frente com essa certeza, que nos conduzirá à glória do céu.

Audiência geral
Praça de São Pedro, 11 de dezembro de 2013

65

O lugar privilegiado para o encontro com Cristo são nossos próprios pecados

Reconhecer os nossos pecados, a nossa miséria, reconhecer o que somos e o que somos capazes de fazer ou temos feito é a porta que se abre aos afagos de Jesus, ao perdão de Jesus. O lugar privilegiado para o encontro com Cristo são nossos próprios pecados.

Homilia da missa matutina
Casa Santa Marta, 18 de setembro de 2014

O perdão é um dom do Espírito Santo

66

O perdão é um dom do Espírito Santo

O perdão dos nossos pecados não é algo que podemos dar a nós mesmos. Não posso dizer: perdoo os meus pecados. O perdão é pedido, é pedido a outra pessoa; e na Confissão pedimos o perdão a Jesus. O perdão não é fruto dos nossos esforços, mas uma dádiva, um dom do Espírito Santo, que nos enche com a purificação de misericórdia e de graça que brota incessantemente do Coração aberto de Cristo crucificado e ressuscitado.

Audiência geral
Praça de São Pedro, 19 de fevereiro de 2014

67

O Espírito Santo é o protagonista do perdão dos pecados

Antes de tudo, devemos recordar que o protagonista do perdão dos pecados é o Espírito Santo. Na sua primeira aparição aos Apóstolos, no cenáculo, Jesus ressuscitado fez o gesto de soprar sobre eles, dizendo: "Recebei o Espírito Santo. Àqueles a quem perdoardes os pecados, ser-lhes-ão perdoados; àqueles a quem os retiverdes, ser-lhes-ão retidos" (Jo 20,22-23). Transfigurado no seu corpo, Jesus já é o homem novo, que oferece os dons pascais, fruto da sua morte e ressurreição. Quais são esses dons? A paz, a alegria, o perdão dos pecados e a missão, mas sobretudo o Espírito Santo, que é a fonte de tudo isto. O sopro de Jesus, acompanhado pelas palavras com as quais comunica o Espírito, indica a transmissão da vida, a vida nova regenerada pelo perdão.

Audiência geral
Praça de São Pedro, 20 de novembro de 2013

68

Na comunidade cristã se torna presente o Espírito e o perdão

Com efeito, a comunidade cristã é o lugar onde o Espírito se torna presente... Por isso, não é suficiente pedir perdão ao Senhor na nossa mente e no nosso coração, mas é necessário confessar humilde e confiadamente os nossos pecados ao ministro da Igreja. Na celebração desse sacramento, o sacerdote não representa apenas Deus, mas toda a comunidade, que se reconhece na fragilidade de cada um dos seus membros, que ouve comovida o seu arrependimento, que se reconcilia com eles, os anima e acompanha ao longo do caminho de conversão e de amadurecimento humano e cristão.

Audiência geral
Praça de São Pedro, 19 de fevereiro de 2014

69

O temor de Deus nos lembra como somos pequenos

O dom do temor de Deus, do qual hoje falamos, conclui a série dos sete dons do Espírito Santo. Não significa ter medo de Deus: sabemos que Deus é Pai e nos ama, quer a nossa salvação e nos perdoa sempre; por isso, não há motivo para ter medo dele. Ao contrário, o temor de Deus é o dom do Espírito que nos recorda como somos pequenos diante de Deus e do seu amor, e que o nosso bem está no nosso abandono com humildade, respeito e confiança nas suas mãos. Este é o temor de Deus: o abandono à bondade do nosso Pai, que nos ama imensamente.

Audiência geral
Praça de São Pedro, 11 de junho de 2014

*O perdão cura nossas feridas
e nos traz a paz*

70

Todos nós cometemos erros na vida e devemos pedir perdão

Todos. Todos nós cometemos erros na vida. E devemos pedir perdão por esses erros, fazendo um caminho de reinserção, a fim de não mais cometê-los... E quando pedimos perdão ao Senhor pelos nossos pecados e erros, Ele nos perdoa sempre, nunca se cansa de perdoar. Diz-nos: "Volta atrás, porque não te fará bem ir por aqui". E Ele nos ajuda. Essa é a reinserção, o caminho que devemos percorrer.

Discurso aos detentos
Cárcere de Isernia, 5 de julho de 2014

71

A paz é fruto do perdão

Essa paz é o fruto da vitória do amor de Deus sobre o mal, é o fruto do perdão. E é precisamente assim: a paz verdadeira, a paz profunda, deriva da experiência da misericórdia de Deus.

Regina Coeli
Praça de São Pedro, Divina Misericórdia, 7 de abril de 2013

72

Cada dia podemos pedir "perdão" muitas vezes

Acusar o outro para não dizer "desculpa", "perdão", trata-se de uma história antiga! É um instinto que se encontra na origem de muitas calamidades. Aprendamos a reconhecer os nossos erros e a pedir perdão. "Perdoa, se hoje levantei a minha voz"; "perdoa, se passei sem cumprimentar"; "perdoa, se cheguei atrasado"; "perdoa, se esta semana estive tão silencioso"; "perdoa, se falei demais, sem nunca escutar"; "perdoa, se me esqueci"; "perdoa, se eu estava com raiva e tratei você mal". Cada dia podemos pedir "perdão" muitas vezes. É também desse modo que uma família cristã prospera.

Discurso aos noivos que se preparam para o matrimônio
Praça de São Pedro, 14 de fevereiro de 2014

73

Nunca devemos terminar o dia sem pedir perdão

Todos nós sabemos que não existe uma família perfeita, ou um marido perfeito, ou uma esposa perfeita. Nem falemos de uma sogra perfeita... Existimos nós, pecadores. Jesus, que nos conhece bem, ensina-nos um segredo: nunca devemos terminar o dia sem pedir perdão, sem que a paz volte ao nosso lar, à nossa família. É normal que os esposos discutam, há sempre algo sobre o que discutir. Talvez vocês se aborreceram, talvez tenha voado um prato; mas, por favor, recordem-se disto: nunca terminem o dia sem fazer as pazes!

Discurso aos noivos que se preparam para o matrimônio
Praça de São Pedro, 14 de fevereiro de 2014

74

Com licença, obrigado, perdão

Recordemos as três palavras-chave para viver em paz e alegria em família: com licença, obrigado, perdão. Quando em uma família não se é invasor e se pede "com licença", quando em uma família não se é egoísta e se aprende a dizer "obrigado" e quando em uma família alguém percebe que fizemos algo incorreto e sabemos pedir "perdão", nessa família existe paz e alegria. Recordemos essas três palavras. Mas podemos repeti-las todos juntos: com licença, obrigado, perdão.

Festa da Sagrada Família, *Angelus*,
Praça de São Pedro, 29 de dezembro de 2013

75

Com o perdão o coração se renova e rejuvenesce

O amor de Jesus Cristo dura para sempre; nunca terá fim, porque é a própria vida de Deus. Esse amor vence o pecado e dá a força para reerguer-se e recomeçar, porque com o perdão o coração se renova e rejuvenesce. Todos o sabemos: o nosso Pai nunca se cansa de amar e os seus olhos não se cansam de olhar para o caminho de casa, para ver se o filho que foi embora e se perdeu está voltando.

Homilia da celebração da Penitência
Basílica Vaticana, 28 de março de 2014

76

Podemos nos gloriar apenas de nossos pecados

Como fez São Paulo, também nós podemos falar daquilo de que nos gloriamos. Mas nós, de nossa parte, só podemos gloriar-nos dos nossos pecados. Não temos outras coisas das quais possamos gloriar-nos: é essa a nossa miséria. No entanto, graças à misericórdia de Deus, nós nos gloriamos em Cristo crucificado. E por isso não existe um cristianismo sem cruz, e não existe uma cruz sem Jesus Cristo.

Homilia da missa matutina
Casa Santa Marta, 8 de abril de 2014

77

Não aprender com os próprios pecados

Quem caiu nesse mundanismo olha de cima e de longe, rejeita a profecia dos irmãos, desqualifica quem o questiona, faz ressaltar constantemente os erros alheios e vive obcecado pela aparência. Circunscreveu os pontos de referência do coração ao horizonte fechado da sua imanência e dos seus interesses e, consequentemente, não aprende com os seus pecados nem está verdadeiramente aberto ao perdão. É uma tremenda corrupção, com aparências de bem.

Exortação Apostólica *Evangelii Gaudium*, 97

78

O perdão de Deus é mais forte do que qualquer pecado

Para a fé cristã, isso é certificado pelo fato de que Jesus ressuscitou: não para triunfar sobre aqueles que o rejeitaram, mas para atestar que o amor de Deus é mais forte do que a morte, que o perdão de Deus é mais forte do que qualquer pecado e que vale a pena gastar a própria vida, até ao fim, para testemunhar esse dom imenso.

Carta ao Eugenio Scalfari, diretor do Jornal Italiano
La Repubblica
4 de setembro de 2013

79

O perdão é o instrumento para alcançar a serenidade do coração

Somos chamados a viver de misericórdia, porque, primeiro, foi usada misericórdia para conosco. O perdão das ofensas torna-se a expressão mais evidente do amor misericordioso e, para nós cristãos, é um imperativo de que não podemos prescindir. Tantas vezes, como parece difícil perdoar! E, no entanto, o perdão é o instrumento colocado nas nossas frágeis mãos para alcançar a serenidade do coração.

Misericordiae Vultus, 9

80

A experiência do perdão na nossa cultura vai rareando cada vez mais

Por outro lado, é triste ver como a experiência do perdão na nossa cultura vai rareando cada vez mais. Em certos momentos, até a própria palavra parece desaparecer. Todavia, sem o testemunho do perdão, resta apenas uma vida infecunda e estéril, como se se vivesse num deserto desolador.

Misericordiae Vultus, 10

81

Somos penitentes em busca do perdão

Nunca me cansarei de insistir com os confessores para que sejam um verdadeiro sinal da misericórdia do Pai. Ser confessor não se improvisa. Tornamo-nos confessores quando começamos, nós mesmos, por nos fazer penitentes em busca de perdão. Nunca esqueçamos que ser confessor significa participar da mesma missão de Jesus e ser sinal concreto da continuidade de um amor divino que perdoa e salva.

Misericordiae Vultus, 17

82

Que a palavra do perdão possa chegar a todos

Que a palavra do perdão possa chegar a todos e a chamada para experimentar a misericórdia não deixe ninguém indiferente. O meu convite à conversão dirige-se, com insistência ainda maior, àquelas pessoas que estão longe da graça de Deus pela sua conduta de vida.

Misericordiae Vultus, 19

83

Na família aprende-se a pedir perdão

Na família aprende-se a pedir licença sem servilismo, a dizer "obrigado" como expressão de uma sentida avaliação das coisas que recebemos, a dominar a agressividade ou a ganância e a pedir desculpa quando fazemos algo de mal. Esses pequenos gestos de sincera cortesia ajudam a construir uma cultura da vida compartilhada e do respeito pelo que nos rodeia.

Encíclica *Laudato Si'*, 213

84

Como está o meu coração?

O que existe no meu coração? Existe perdão? Existe uma atitude de perdão para com os que me ofenderam, ou existe uma atitude de vingança? Precisamos nos perguntar o que existe dentro de nós, porque aquilo que está dentro sai para fora e causa mal, se é mau; e, se é bom, sai para fora e causa o bem. E é tão bonito dizer a verdade a nós mesmos e nos envergonhar quando nos encontramos numa situação que não é como Deus a quer, que não é boa; quando meu coração está numa situação de ódio, de vingança, tantas situações pecaminosas. Como está o meu coração?

Visita à paróquia Santo Tomé Apóstolo
Roma, 16 de fevereiro de 2014

85

O perdão é uma dinâmica de comunicação

Por isso, a família na qual, com os próprios limites e pecados, todos se amam, converte-se numa escola de perdão. O perdão é uma dinâmica de comunicação: uma comunicação que se desgasta, se rompe e que, mediante o arrependimento expressado e acolhido, pode ser recomeçada e aumentada. Um filho que na família aprende a escutar os outros, a falar de modo respeitoso, expressando seu próprio ponto de vista sem negar o dos outros, será um construtor de diálogo e reconciliação na sociedade.

Mensagem à XLIX Jornada Mundial das Comunicações Sociais
23 de janeiro de 2015

86

O Senhor é o único que nos pode consolar

Assim é o nosso Deus, o Deus que consola na misericórdia e no perdão. Por isso, é bom repetir: "Deixem-se consolar pelo Senhor; Ele é o único que nos pode consolar". Muitas vezes estamos acostumados a "alugar" pequenas consolações, um pouco feitas por nós; mas não servem; ajudam, mas não servem. Com efeito, somente nos beneficia aquela que vem do Senhor com seu perdão e nossa humildade. Quando o coração se faz humilde, vem o consolo e Ele se deixa guiar por essa alegria, essa paz.

Homilia da missa matutina
Casa Santa Marta, 9 de dezembro de 2014

87

A capacidade de pedir perdão

Devemos pensar muito na santidade oculta que existe na Igreja: a dos cristãos não de aparência, mas edificados sobre a rocha, sobre Jesus. Olhar esses cristãos que seguem o conselho de Jesus na última ceia: "Permanecei em mim". Sim, cristãos que permanecem em Jesus. Sem dúvida, pecadores todos nós somos. Assim, quando algum desses cristãos comete algum pecado grave, depois ele se arrepende, pede perdão: e isso é grande. Significa ter a capacidade de pedir perdão; de não confundir pecado com virtude; de saber bem onde está a virtude e onde está o pecado.

Homilia da missa matutina
Casa Santa Marta, 9 de dezembro de 2014

88

Dar graças e pedir perdão

E tudo isso nos leva a pensar no final do caminho da vida, no final do nosso caminho. Houve um início e haverá um final, "um tempo de nascer e um tempo de morrer" (Ecl 3,2). Com essa verdade, muito simples e fundamental e igualmente descuidada e esquecida, a santa mãe Igreja nos ensina a terminar o ano e também nossas jornadas com um exame de consciência, mediante o qual passamos os olhos sobre o que aconteceu; damos graças ao Senhor por todo o bem que recebemos e que pudemos realizar e, ao mesmo tempo, pensamos em nossas faltas e em nossos pecados.

Homilia da Solenidade de Santa Maria, Mãe de Deus
Basílica Vaticana, 31 de dezembro de 2014

89

A terra nunca perdoa

Lembro-me de uma frase que ouvi de um idoso há muitos anos: Deus sempre perdoa... as ofensas, os maus-tratos, Deus sempre perdoa, nós homens perdoamos às vezes; a terra nunca perdoa.

Discurso na sede da FAO
Roma, 20 de novembro de 2014

90

Perdoa as nossas ofensas assim como nós perdoamos aos que nos ofendem

"Perdoa as nossas ofensas assim como nós perdoamos aos que nos ofendem." Nessas palavras do Pai-nosso está todo um projeto de vida baseado na misericórdia. A misericórdia, a indulgência, o perdão da dívida, não é apenas algo devocional, privado, um paliativo espiritual, uma espécie de óleo que ajuda a ser mais suaves, mais amáveis. Não. A misericórdia é profecia de um mundo novo.

Discurso às dioceses de Campobasso-Boiano
e Isernia-Venafro
Praça da Catedral (Isernia), 5 de julho de 2014

91

Dando e recebendo o perdão verdadeiro

Quando chegarmos a entender, à luz da cruz, o mal que somos capazes de fazer, e do qual inclusive fazemos parte, poderemos experimentar o autêntico remorso e o verdadeiro arrependimento. Só então poderemos receber a graça de nos aproximar uns dos outros, com uma verdadeira contrição, dando e recebendo o perdão verdadeiro. Nessa difícil tarefa de perdoar e ter paz, Maria sempre está presente para nos animar, para nos guiar, para nos mostrar o caminho.

Discurso no Santuário de Nossa Senhora do Rosário Madhu, Sri Lanka, 14 de janeiro de 2015

92

Pedir perdão é a porta de saída para os corruptos

Portanto, pedir perdão é a porta de saída para os corruptos: para os corruptos políticos, para os corruptos especuladores e para os corruptos eclesiásticos. Com efeito, isso agrada ao Senhor: Ele perdoa, mas o faz quando os corruptos fazem o que fez Zaqueu: "Roubei, Senhor. Restituirei quatro vezes mais a quem roubei". Por isso o convite conclusivo a rezar por todos os corruptos, pedindo perdão por eles a fim de que alcancem a graça de arrepender-se.

Homilia da missa matutina
Casa Santa Marta, 17 de junho de 2014

93

Abrir o coração para deixar entrar o perdão do Pai

Abrir o coração para receber a bondade e a misericórdia de Deus. É isso que faz o Espírito Santo mediante o dom do temor de Deus: abre os corações. Mantenhamos o coração aberto para deixar entrar o perdão, a misericórdia, a bondade, os afagos do Pai, porque nós somos filhos infinitamente amados.

Audiência geral
Praça de São Pedro, 11 de junho de 2014

94

Perdoar até setenta vezes sete

No Evangelho de hoje, Pedro pergunta ao Senhor: "Se meu irmão me ofender, quantas vezes devo eu lhe perdoar? Até sete vezes?" E o Senhor lhe responde: "Não te digo até sete vezes, mas até setenta vezes sete" (Mt 18,21-22). Essas palavras são centrais na mensagem de reconciliação e de paz de Jesus. Obedientes ao seu mandamento, pedimos cada dia ao nosso Pai do céu que nos perdoe os nossos pecados como também nós perdoamos aos que nos ofendem. Se não estivermos dispostos a fazê-lo, como poderemos rezar sinceramente pela paz e a reconciliação?

Homilia na VI Jornada da Juventude Asiática
Catedral de Myeong-dong, Seul, 18 de agosto de 2014

95

O perdão é a porta que leva à reconciliação

Jesus nos pede para acreditar que o perdão é a porta que leva à reconciliação. Dizendo-nos que perdoemos aos nossos irmãos sem reservas, Ele nos pede algo completamente radical, mas também nos dá a graça para fazê-lo. O que de um ponto de vista humano parece impossível, irrealizável e talvez até inaceitável, Jesus o torna possível e frutífero pelo poder infinito de sua cruz. A cruz de Cristo revela o poder de Deus que supera todas as divisões, cura qualquer ferida e restabelece os laços originais de amor fraterno.

Homilia na VI Jornada da Juventude Asiática
Catedral de Myeong-dong, Seul, 18 de agosto de 2014

96

Pedir perdão e oferecer perdão faz bem

Muitas vezes nos equivocamos, porque todos nós somos pecadores; mas se reconhece o fato de ter-se equivocado, se pede perdão e se oferece o perdão. E isso faz bem à Igreja: faz circular no corpo da Igreja a seiva da fraternidade. E faz bem também a toda a sociedade.

Discurso à Conferência Italiana de Superiores Maiores
Sala Clementina, 7 de novembro de 2014

97

O que salva é o amor

Se em nosso coração não existe a misericórdia, a alegria do perdão, não estamos em comunhão com Deus, ainda que observemos todos os preceitos, porque o que salva é o amor, não a prática dos preceitos apenas. O que dá cumprimento a todos os mandamentos é o amor a Deus e ao próximo. E esse é o amor de Deus, sua alegria: perdoar. Ele nos espera sempre! Talvez alguém tenha em seu coração algo de grave: "Mas eu fiz isto, fiz aquilo..." Ele espera você! Ele é pai: sempre nos espera!

Angelus
Praça de São Pedro, 15 de setembro de 2013

98

Curar as feridas do coração com o óleo do perdão

Por isso vos exorto a curar as feridas do coração com o óleo do perdão, perdoando as pessoas que nos feriram e curando as feridas que nós causamos aos outros.

Discurso aos empregados e familiares do Estado do Vaticano
Sala Paulo VI, 22 de dezembro de 2014

99

Muitas vezes temos medo da ternura

Tudo o que desejais que as pessoas vos façam, fazei-o vós a elas; porque esta é a Lei e os Profetas (Mt 7,12). Oxalá olhássemos para o outro, especialmente o mais necessitado, com os olhos da bondade e da ternura, como Deus olha para nós, nos espera e nos perdoa; oxalá encontrássemos na humildade nossa força e nosso tesouro. Mas muitas vezes temos medo da ternura, temos medo da humildade.

Discurso aos empregados e familiares do Estado do Vaticano
Sala Paulo VI, 22 de dezembro de 2014

100

Em frente com o perdão!

Deus é nosso Pai que nos espera sempre. Alguém poderia dizer: Mas, padre, eu tenho tantos pecados que não sei se Ele estará contente! A resposta do Papa é: Experimente! Se você quer conhecer a ternura deste Pai, vá a Ele e experimente! Depois você me conta. Porque o Deus que nos espera é também o Deus que perdoa: o Deus da misericórdia. E não se cansa de perdoar; nós é que nos cansamos de pedir perdão. Mas Ele não se cansa: setenta vezes sete! Sempre! Em frente com o perdão!

Homilia da missa matutina
Casa Santa Marta, 28 de março de 2014

MEU LIVRO DE ORAÇÕES
Anselm Grün

Autor reconhecido mundialmente por suas obras sobre espiritualidade e autoconhecimento, Anselm Grün trás nesta nova obra uma seleção de orações que são oriundas da tradição beneditina e outras, que estão próximas ao espírito beneditino. O autor escreveu também orações inspiradas na experiência das instituições monásticas. Para os monges, oração significa: oferecer a Deus sua vida inteira, sua verdade mais íntima, para que o Espírito de Deus possa permear tudo em nós, e nos transformar.

Segundo Grün: "Na oração, ofereço a Deus os meus sentimentos, as minhas afeições, os meus medos, para que, através deles, eu possa sentir Deus como o fundo mais recôndito da minha alma e onde encontro tranquilidade. Bento significa: 'o abençoado'. Orar, para São Bento, significa também, colocar tudo sob a bênção de Deus: a mim mesmo, as pessoas e a realidade deste mundo, para que possamos vivenciar que tudo pode vir a ser uma bênção para nós e que, nós mesmos, somos uma bênção para as pessoas. O objetivo de orar, pedir, louvar e abençoar é que Deus seja glorificado em tudo".

__Anselm Grün__ é autor reconhecido no mundo inteiro por seus inúmeros livros publicados em mais de 28 línguas, o monge beneditino Anselm Grün, da Abadia de Münsterschwarzach (Alemanha), une a capacidade ímpar de falar de coisas profundas com simplicidade e expressar com palavras aquilo que as pessoas experimentam em seu coração. Procurado como palestrante e conselheiro na Alemanha e no estrangeiro, tornou-se ícone da espiritualidade e mestre do autoconhecimento em nossos dias. Tem dezenas de obras publicadas no Brasil.

CULTURAL

Administração
Antropologia
Biografias
Comunicação
Dinâmicas e Jogos
Ecologia e Meio Ambiente
Educação e Pedagogia
Filosofia
História
Letras e Literatura
Obras de referência
Política
Psicologia
Saúde e Nutrição
Serviço Social e Trabalho
Sociologia

CATEQUÉTICO PASTORAL

Catequese
  Geral
  Crisma
  Primeira Eucaristia

  Pastoral
    Geral
    Sacramental
    Familiar
    Social
    Ensino Religioso Escolar

TEOLÓGICO ESPIRITUAL

Biografias
Devocionários
Espiritualidade e Mística
Espiritualidade Mariana
Franciscanismo
Autoconhecimento
Liturgia
Obras de referência
Sagrada Escritura e Livros Apócrifos

Teologia
  Bíblica
  Histórica
  Prática
  Sistemática

REVISTAS

Concilium
Estudos Bíblicos
Grande Sinal
REB (Revista Eclesiástica Brasileira)
SEDOC (Serviço de Documentação)

VOZES NOBILIS

Uma linha editorial especial, com importantes autores, alto valor agregado e qualidade superior.

VOZES DE BOLSO

Obras clássicas de Ciências Humanas em formato de bolso.

PRODUTOS SAZONAIS

Folhinha do Sagrado Coração de Jesus
Calendário de mesa do Sagrado Coração de Jesus
Agenda do Sagrado Coração de Jesus
Almanaque Santo Antônio
Agendinha
Diário Vozes
Meditações para o dia a dia
Encontro diário com Deus
Guia Litúrgico

CADASTRE-SE
www.vozes.com.br

EDITORA VOZES LTDA.
Rua Frei Luís, 100 – Centro – Cep 25689-900 – Petrópolis, RJ
Tel.: (24) 2233-9000 – Fax: (24) 2231-4676 – E-mail: vendas@vozes.com.br

UNIDADES NO BRASIL: Belo Horizonte, MG – Brasília, DF – Campinas, SP – Cuiabá, MT
Curitiba, PR – Fortaleza, CE – Goiânia, GO – Juiz de Fora, MG
Manaus, AM – Petrópolis, RJ – Porto Alegre, RS – Recife, PE – Rio de Janeiro, RJ
Salvador, BA – São Paulo, SP